PANÉGYRIQUE
DE
SAINT VINCENT DE PAUL

PRÊCHÉ A LILLE
le 22 juillet 1883

Par l'abbé ÉMILE PARSY
NOUVEAU PRÊTRE

Dans sa paroisse natale, placée sous le vocable du Saint.

LILLE
TYPOGRAPHIE DE J. LEFORT

PANÉGYRIQUE
DE
SAINT VINCENT DE PAUL

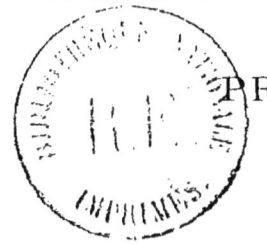

PRÊCHÉ A LILLE
le 22 juillet 1883

Par l'abbé ÉMILE PARSY
NOUVEAU PRÊTRE

Dans sa paroisse natale, placée sous le vocable du Saint.

LILLE

TYPOGRAPHIE DE J. LEFORT

PANÉGYRIQUE
DE
SAINT VINCENT DE PAUL

> *Diliges Dominum Deum tuum... diliges proximum tuum.*
>
> Vous aimerez le Seigneur votre Dieu... vous aimerez votre prochain.
>
> S. Matth. xxii. 37.

Dieu, mes frères, qui dirige par les lois de sa providence le monde matériel qu'il a créé, n'a pas abandonné une œuvre qui lui est plus chère que la création; une œuvre, une société, un monde spirituel, formé non plus de sa parole toute-puissante au commencement des siècles, mais sorti avec la dernière goutte de sang de son Cœur entr'ouvert par la lance du soldat. Cette œuvre si chère à Dieu, cette société spirituelle, ce monde des âmes, vous l'avez deviné et vous l'avez nommé : c'est l'Eglise. Oui, Dieu veille sur l'Eglise : l'histoire entière est là qui proclame ce fait, et pour le nier il faut être ou aveugle ou menteur. Mais cette action de Dieu dans la conduite de l'Eglise, comment s'exerce-t-elle? Cette action, mes frères, est multiple et variée, mais elle s'exerce surtout d'une manière sensible par les saints. Dieu suscite, dans le cours des âges, des hommes puissants en œuvre et en parole, animés de son esprit, pleins de zèle pour sa gloire, et dont la mission est avant tout de parer aux besoins de la société religieuse dont ils sont membres. Mais si tous ces hommes de Dieu ont un but commun, chacun a sa physionomie propre, et son action un caractère spécial.

Puisque nous sommes aujourd'hui, mes frères, réunis pour fêter un de ces envoyés célestes, pour honorer Vincent de Paul, pour profiter de son exemple, il me semble que rien n'est plus propre à nous instruire et à nous édifier que de chercher ensemble quel fut le caractère particulier de saint Vincent de Paul, quelle fut la pensée inspiratrice de son zèle et mère de ses œuvres, quel fut le levier dont il s'est servi pour remuer son siècle et s'élever lui-même jusqu'au ciel; et voici ce qui m'a semblé répondre à cette question : Vincent de Paul fut un grand homme et un grand saint, parce qu'il a parfaitement accompli le double précepte de la charité que je vous citais en commençant : *Diliges Dominum Deum tuum... diliges proximum tuum.* Vous aimerez le Seigneur votre Dieu... vous aimerez votre prochain. Donc

Vincent de Paul, ami de Dieu et ami de l'homme, tel est le sujet et le partage de ce discours.

Enfant de cette paroisse, appelé par Dieu, malgré mon indignité, à la sublime vocation sacerdotale, et chargé pour la première fois de prendre la parole dans le temple saint, ce m'est une grande consolation et une grande espérance d'avoir à célébrer devant vous une des gloires du sacerdoce, la gloire de ceux que désormais je puis appeler mes frères, et une des gloires de la France, ma mère. Vous avez entendu dire cent fois : « Le prêtre ne peut rien, le prêtre ne vaut rien, le prêtre c'est l'ennemi! » Oh! mes frères, que je suis heureux de consacrer ma première parole sacerdotale à répondre à cette lâche calomnie. Non, le prêtre ne peut rien, le prêtre ne vaut rien par lui-même, puisque c'est un homme pécheur; mais en vertu de son sacerdoce il est tout et il peut tout, car le Seigneur est avec lui, et quant à être l'ennemi, non, mille fois non, mes frères, le prêtre ne l'est pas, il est trop l'ami de Dieu pour n'être pas le vôtre. C'est ce que je me propose de vous montrer dans la vie et les vertus de saint Vincent de Paul, prêtre, ami de Dieu et des hommes, notre modèle et notre patron à tous.

I

Quand Dieu prédestine un homme à quelque chose de grand, il prend un soin jaloux de son âme; il la suit pas à pas dès son entrée dans le monde, il la forme, il l'instruit par toutes les circonstances qui l'environnent, et si cette âme est fidèle à répondre aux soins de la divine Providence, si elle écoute dans le silence de l'humilité et de la simplicité docile la voix d'en haut, l'action de Dieu opère en elle d'une façon merveilleuse, et cette âme s'épanouit aux yeux des hommes comme un bel arbre qui donne d'abord des feuilles et des fleurs embaumées, et qui bientôt produira des fruits savoureux et durables. Tel fut Vincent de Paul.

C'était à la fin du xvie siècle, qui avait vu la plus grande révolution des esprits depuis l'avénement du christianisme. La prétendue Réforme, après avoir bouleversé les consciences, avait mis les armes aux mains de ses partisans, et les catholiques s'étaient vus forcés d'opposer la force à la force. La France surtout, la fille aînée de l'Eglise, qui voulait avant tout rester catholique et romaine, avait lutté et luttait encore avec énergie, avec désespoir pour conserver sa vieille foi. Le sang coulait de toutes parts, la capitale était divisée et les provinces désolées par la guerre et la famine, le roi était impuissant ou rendu indécis par les nécessités de la politique ; tout allait à la ruine. Quel sera donc, ô mon Dieu, le sauveur de la religion et de notre France ?... Le duc de Guise, le premier après le roi, se met à la tête des catholiques et, en 1576, forme la sainte Ligue pour la défense de la foi.... Sera-ce lui qui accomplira ce grand œuvre ?... Il est riche, il est brave, il est puissant ; non, ce ne sera pas l'instrument de Dieu, car le Tout-Puissant, nous dit saint Paul, choisit pour confondre les forts ce qui est faible et infirme selon le monde. Ecoutez, mes frères, Dieu va paraître.

Cette même année 1576, le 24 avril, un petit enfant naissait dans un pauvre coin de la France, au village de Pouy, dans les Landes, c'était Vincent de Paul : un saint était donné à la France et à l'Eglise, un saint qui allait tout refaire par la charité.

Il naît dans la pauvreté et l'humilité, troisième enfant d'une famille de paysans qui n'avait pour tout bien sur terre qu'un petit champ et quelques troupeaux. Mais, cette famille de pauvres, qu'elle était riche aux yeux de Dieu : elle possédait la foi, la foi vigoureuse et simple qui engendre la piété, les mœurs pures et le bonheur du foyer domestique. C'est à cette école que se forma l'âme du jeune Vincent, c'est à cette source qu'il puisa cette piété sérieuse et solide, en même temps que tendre et généreuse, qui devait faire de lui un saint. O familles chrétiennes, comprenez par là l'importance de la première éducation et du bon exemple à donner aux enfants que le Ciel vous confie! Dans cette famille de pauvres laboureurs, les enfants, dès qu'ils le pouvaient, aidaient le père dans son dur labeur, et Vincent fut chargé de faire paître le petit troupeau paternel. Le voyez-vous, comme un autre David, conduisant ses brebis tout en récitant des prières, un œil sur son troupeau et l'autre au ciel? Travail sanctifié par la prière, que tu es noble et grand! O vous, mes frères, que votre position oblige à ce labeur quotidien, apprenez du jeune Vincent à rendre votre peine méritoire pour le ciel.

Mais arrêtons-nous ici un instant et suivons le petit pâtre, c'est une étape importante de sa course dans le chemin de la sainteté : il est désormais livré à lui-même, que va-t-il faire? comment va-t-il employer son temps? va-t-il répondre aux soins dont Dieu a entouré son berceau et son enfance ? Oui, il prend le bon chemin : loin de sa mère de la terre il sait qu'au ciel nous avons une mère meilleure mille fois que celle d'ici-bas, si bonne soit-elle ; et c'est vers elle, vers Notre-Dame de Buglose qu'il dirige le plus volontiers ses pas, et là, près de la Mère du saint amour, son âme s'embrase pour Dieu de cette flamme qui ne doit s'éteindre qu'avec sa vie et qui sera le principe de tant de saintes œuvres. Mais déjà le pieux enfant agit à la gloire du Dieu qu'il aime, et de ses mains innocentes il élève dans le creux d'un chêne un autel à Jésus et à Marie. Il a répondu aux grâces de Dieu, et Dieu ne sera point avare. Cette flamme de l'amour divin, mise dans son cœur par sa pieuse mère et qu'il est allé alimenter aux pieds de Marie, s'accroît chaque jour dans une âme si pure qui vit dans la solitude et le silence de la campagne. Vincent vécut douze ans de cette vie et fit sans doute alors sa première communion, mais l'histoire ne nous apprend rien là-dessus; sans doute, les premiers élans de ce cœur vers le Dieu de l'Eucharistie devaient rester le secret du ciel. Quand Vincent eut atteint l'âge de douze ans, son père, qui n'avait pas été sans remarquer la vivacité d'intelligence et l'ardente piété de son fils, songea que peut-être Dieu avait réservé à un de ses enfants le suprême honneur du sacerdoce, et ce fut pour ce chrétien le sujet d'un orgueil bien légitime. Mais pour être prêtre il faut étudier, et étudier longtemps, pour faire des études il faut de l'argent, et l'étudiant ne rapporte rien à la bourse commune. Ces considérations eussent sans doute fait reculer un chrétien moins convaincu que Jean de Paul; mais il croit que Dieu appelle son fils, et il ne se laissera pas arrêter par quelques sacrifices pour payer la modique rétribution que demandent de leurs élèves les Cordeliers de Dax. Vincent est donc mis dans leur collège, et, appréciant les sacrifices paternels, aidé d'ailleurs par une belle intelligence, il est à même, au bout de quatre ans, de donner des leçons aux autres, et à l'âge de seize ans, il peut continuer ses propres études sans être à charge à sa famille. Enfants chrétiens, qui m'écoutez, admirez en passant et imitez dans la pratique ce modèle de votre âge.

C'est pendant qu'il grandissait dans cette vie d'austère devoir et d'ardente piété que Vincent entendit l'appel de Dieu qui le voulait tout à lui, et le 20 décembre 1596, à l'âge de vingt ans, il recevait la tonsure et les ordres mineurs. Il quitte alors sa famille et son pays pour faire ses études théologiques : il va d'abord à l'université de Saragosse, mais les stériles disputes de l'école étaient peu faites pour son âme aimante; il revient bientôt en France, et à Toulouse, en 1604, il est reçu bachelier en théologie.

Mais sur ces entrefaites il avait payé à Dieu son tribut d'amour, il s'était engagé tout entier à lui et pour toujours par les promesses solennelles du sous-diaconat; il avait mis le sceau à cette alliance sacrée entre son âme et Dieu. Cet amour qui avait grandi avec lui venait de recevoir sa consécration définitive, Vincent était désormais l'ami, le fils de Dieu qui allait bientôt lui donner part à sa fécondité divine en lui accordant avec le sacerdoce le pouvoir de produire chaque jour Jésus-Christ à l'autel. Mais l'âme de Vincent, effrayée de cette dignité incomparablement grande et redoutable, recule devant tant de bonheur, et il laisse passer une année avant d'approcher de l'ordination. Enfin le voilà prêtre : l'huile sainte a coulé sur ses mains et il monte à l'autel pour la première fois, les anges seuls pourraient nous dire avec quels transports de piété et d'amour.

Jusqu'ici Dieu a façonné son serviteur par les moyens ordinaires, et Vincent a merveilleusement répondu à sa grâce; mais il lui reste encore à subir une épreuve plus rude, celle de l'adversité et du malheur que Dieu n'épargne jamais à ceux qu'il appelle à le servir plus parfaitement. Notre-Seigneur Jésus-Christ a souffert pour mériter la gloire, certes les disciples ne doivent pas être au-dessus du Maître. Vincent dut se rendre à Marseille pour régler une affaire d'intérêts que lui imposait un petit héritage; quand tout fut terminé, pressé qu'il était de regagner son pays, il choisit la route de mer comme plus rapide et moins coûteuse. On était au mois de juillet, la mer était calme, le ciel transparent ; le soir, on devait arriver au port. Tout à coup des pirates africains fondent sur le vaisseau : ils s'emparent de l'équipage, et le saint, blessé d'un coup de flèche, est conduit avec ses compagnons sur la terre étrangère. On le vend comme esclave, nouveau trait de ressemblance avec son divin Maître : il passe dans plusieurs mains, devient enfin la propriété d'un renégat établi dans ces régions, et son maître l'emploie aux durs travaux des champs. Quelle souffrance pour ce prêtre de se voir ainsi privé de la récitation de l'office divin, privé surtout de la sainte Eucharistie ; qui pourrait redire cette torture ? Vincent pourtant ne se laisse point abattre ; comme les fils d'Israël captifs sur les rives de Babylone, il se console en redisant les chants de la patrie et de l'autel absents, et chaque jour le psaume : *Super flumina Babylonis* s'échappe de son cœur ; il se souvient aussi de Celle que l'on n'invoqua jamais en vain, et la voix de l'exilé, gémissant dans cette vallée de larmes, envoie un filial salut à la Reine, Mère de miséricorde, *Salve, Regina*. — Marie ne tarde point à l'exaucer. La femme de son maître, en l'entendant ainsi chanter, l'écoute avec curiosité d'abord, puis avec intérêt ; elle parle à son mari de cet esclave si calme dans le malheur, si gai dans le travail ; celui-ci fait venir cet homme extraordinaire et s'entretient avec lui. Vincent comprend qu'il y a là une âme à sauver, et il prêche au renégat, avec quelle force, vous le devinez, le Dieu qu'il a trahi et qui cependant lui tend encore les bras. La parole de Vincent a bientôt convaincu le malheureux ; mais pour revenir à la foi il faut quitter l'Afrique et tout ce qu'il possède, l'apôtre est assez fort pour remporter cette dernière victoire, et bientôt l'esclave délivré emmène vers la France son maître devenu le captif de Dieu. Après cela, Vincent part pour Rome accompagnant le légat du Pape ; il va au centre de l'unité et de la foi catholique, sur cette terre imprégnée du sang des martyrs, enflammer encore, si c'est possible, son amour pour l'Eglise et son zèle pour Dieu.

Il est parfait désormais, me direz-vous, il est prêt à entrer dans le champ du père de famille pour cultiver sa vigne. — Non, il faut encore une douleur, encore un sacrifice, le plus poignant, le plus sensible pour cette âme embrasée ; il faut que Vincent sacrifie la paix de son cœur, la tranquillité de sa conscience, le calme heureux que lui méritait son amour fidèle. De retour à Paris, il trouve un de ses confrères dans le sacerdoce torturé de doutes, de craintes, de scrupules, en danger peut-être de perdre la foi. L'héroïque Vincent s'émeut à ce spectacle et s'offre à Dieu à la place de son frère malheureux, il prend sur ses épaules cette lourde croix, et Dieu accepte l'échange : le prêtre troublé recouvre la paix et le saint éprouve toutes les horreurs de cet état si pénible pour un cœur qui ne bat que pour Dieu. Après quatre ans de ce cruel martyre, le Seigneur, touché de son courage et de sa constance, lui fit retrouver à son service le calme et la douceur. Tout était bien mort en lui désormais, tout jusqu'à l'affection aux biens spirituels, aux consolations divines. Comme le grain de froment qui doit mourir en terre avant de porter du fruit, vous l'avez vu pénétrer en Dieu, s'abîmer, s'anéantir, disparaître dans le saint amour ; désormais il est prêt à produire au dehors, par Dieu et pour Dieu, une ample moisson de bonnes œuvres ; l'ami de Dieu va se montrer l'ami de l'homme, car, nous dit un saint Père, la preuve de l'amour ce sont les œuvres, *probatio dilectionis est exhibitio operis*. Les œuvres extérieures de saint Vincent de Paul, voilà donc ce qui nous reste à voir dans une seconde partie.

II

Le précepte de la charité envers le prochain est peut-être celui sur lequel, dans le saint Evangile, Notre-Seigneur Jésus-Christ insiste avec le plus de complaisance, celui qu'il rappelle le plus fréquemment, celui auquel, par ses expressions, il nous fait comprendre qu'il attache le plus d'importance. C'est son précepte par excellence, c'est le précepte nouveau qu'il est venu donner aux hommes, c'est à l'observation de ce précepte qu'on reconnaîtra ses disciples. Mais cette charité ne doit pas être seulement une vertu philosophique, un sentiment de bienveillance nous inclinant à vouloir du bien au prochain, à ne rien faire qui lui puisse nuire, à lui souhaiter du fond du cœur et du bout des lèvres toutes sortes de bonheur et de prospérités. Non, car de même que la foi sans les œuvres est une foi morte et stérile, de même la charité qui ne se manifeste pas par les œuvres est une qualité toute humaine, une heureuse disposition de l'humeur, mais assurément ce n'est pas une vertu chrétienne ; c'est peut-être de la philanthropie, mais cela ne mérite pas de porter le beau nom de charité. La charité chrétienne sortant d'un cœur pur, où elle est le premier des fruits du Saint-Esprit, non seulement n'est point envieuse et ne fait point le mal, mais elle est patiente, elle est bonne. Considérant les hommes comme les enfants d'un même père qui les a tous créés, comme les rachetés d'un même Sauveur qui a donné pour eux tout son sang, elle brûle elle aussi de se donner entièrement à eux, de consoler ceux qui pleurent, d'instruire les ignorants, de vêtir ceux qui sont nus, de nourrir ceux qui ont faim. Remarquez-le bien, elle sait que l'homme ne se compose pas seulement d'un corps passible et mortel, au delà de ce corps elle voit l'âme, et c'est elle surtout qu'elle a en vue, les œuvres extérieures ne lui sont qu'un moyen de s'ouvrir un accès jusqu'à elle pour lui porter de douces paroles, lui faire entendre un aimable reproche, un conseil amical, lui dire surtout le nom de Dieu, de ce Père du ciel, tant oublié, hélas ! et loin duquel pourtant il n'y a point de bonheur ! Voilà, mes frères, à peine esquissé ce qu'est la charité chrétienne : un mot pour nous résume toutes ces choses, et ce mot c'est le nom de Vincent de Paul. Oui, vraiment il fut l'homme, l'apôtre de la charité pour les corps et pour les âmes ; il saisit l'homme tout entier dans l'étreinte de son amour et l'éleva jusqu'à Dieu.

J'aurais voulu le suivre encore pas à pas comme nous l'avions fait jusqu'ici et vous le montrer à chaque jour, à chaque heure, à chaque instant poursuivant son œuvre et nous instruisant de son exemple, mais la chose est impossible, le temps nous presse, et pour tout dire il faudrait une vie. Passons cependant une revue rapide des principales douleurs de l'homme ici-bas tant dans son corps que dans son âme, pour chaque plaie Vincent a su trouver un baume, pour chaque blessure un remède.

Qu'y a-t-il au monde de plus aimable qu'un petit enfant ? Lorsque vous le voyez tendre vers vous ses petites mains, lorsque vous l'entendez pousser de faibles cris, ne sentez-vous pas votre cœur tout ému ? et les anges eux-mêmes ne retrouvent-ils pas dans son innocent sourire les traits d'un frère exilé ? Et pourtant il est des petits enfants qui, à leur entrée dans la vie, ne trouvent point de berceau pour reposer leur tête, ne trouvent point de mains pour prendre soin de leur faiblesse. Ils ont une mère sans doute, mais le crime ou l'extrême misère a fermé ce cœur qui leur était dû tout entier ; et on les voit ces pauvres petits exposés au coin des rues, sur les places publiques, en butte à toutes les rigueurs des saisons. Quelquefois même, et cela se voit plus fréquemment de nos jours, une main criminelle ose attenter à leur vie : ne faut-il pas se débarrasser d'eux ! Le froid, la faim, la mort, voilà ce qui les attend. Et leurs âmes,

mes frères, que vont-elles devenir ? qui leur dira le nom de Dieu et le nom de ce Jésus qui les a rachetés et qui durant sa vie mortelle aimait tant à reposer sur leurs blondes têtes ses mains pleines des célestes bénédictions ?

Sans doute le christianisme avait relevé l'enfance aux yeux du monde et s'était occupé d'elle; mais rien n'était organisé encore sous la surveillance de l'Eglise, et en dehors de la charité individuelle, les personnes chargées des enfants abandonnés les laissaient mourir misérablement par leur indifférence et leur coupable paresse. Un jour Vincent de Paul, en entrant à Paris, aperçut de loin un mendiant occupé à déformer les membres d'un de ces pauvres petits qui devait ainsi servir à exciter la compassion publique ; il accourt et arrache à ce monstre la petite victime en poussant cette sublime exclamation : « Ah! barbare, vous m'avez bien trompé, de loin je vous avais pris pour un homme ! » Dès lors il adopte cette petite créature, l'Œuvre des Enfants-Trouvés était fondée. Chaque jour d'autres enfants venaient grossir cette petite famille de la Providence ; Vincent allait au-devant d'eux, parcourant les rues de Paris, recueillant sous son manteau ces pauvres abandonnés, les réchauffant contre son cœur ; il ne rentrait que lorsqu'il ployait sous le fardeau. Il avait su leur trouver des mères, Dieu fournissait aux besoins de tous comme à ceux des petits oiseaux, et, s'il le fallait, la voix éloquente de Vincent était là pour susciter des dévouements et procurer des ressources.

Mais les petits enfants abandonnés ne sont pas les

seuls malheureux d'ici-bas; les pauvres, les malades, ne voilà-t-il pas une portion du troupeau de Jésus-Christ bien digne de nos sympathies et de notre amour? Oui, mes frères, remarquez-le bien, nous devons aimer les pauvres, et cet amour doit être dans le fond de notre cœur un sentiment réel, surnaturel et actif. Sans doute nous éprouvons quelque peine à aimer ces malheureux qu'un défaut d'éducation, bien plus souvent que leur propre faute, rend grossiers, désagréables, peut-être même répugnants; nous consentons volontiers à leur jeter en passant une pièce de monnaie, mais tout cela n'est qu'à la surface, au fond du cœur il n'y a rien qui réponde à ces manifestations extérieures, et ici encore, il faut le dire, ce n'est pas de la charité. Car de même que la charité sans les œuvres n'est, comme je vous le disais tout à l'heure, qu'une vertu de philosophe, de même les œuvres sans l'affection, la bienfaisance sans l'amour au fond du cœur n'est pas une vertu, à moins que ce ne soit une vertu de pharisien, et vous savez combien sévèrement les vertus hypocrites de ces sépulcres blanchis à l'extérieur et pleins au-dedans d'ossements et de corruption sont reprises et condamnées par Notre-Seigneur Jésus-Christ.

Aimons donc les pauvres, mes frères, aimons-les sincèrement, aimons-les du fond du cœur, aimons-les comme Vincent de Paul. Oh! les pauvres, les pauvres, quel amour il ressentait pour eux! Depuis le jour où, prosterné au pied de son crucifix, il avait fait vœu de se consacrer tout entier à leur service, que de démarches, que de sollicitudes pour ses chers amis les pauvres! que de discours, de quêtes, de fondations! C'est son affaire capitale; tout, excepté Dieu, passe après les pauvres. Les hôpitaux, les mansardes abandonnées, séjours de misères et de douleurs, voilà le but de toutes ses visites. Ni la grossièreté, ni la malpropreté, ni le vice même ne le repoussent; rien ne le déconcerte quand il s'agit de ces privilégiés de Dieu et de son cœur. Dites-moi, mes frères, le monde présenta-t-il jamais, depuis le Calvaire, de spectacle plus grand et plus touchant que Vincent agenouillé sur le seuil de sa maison aux pieds des pauvres leur demandant pardon de les avoir fait attendre?... Mais cette charité ne peut se borner aux pauvres d'une ville, elle embrasse la France entière, elle nourrit des provinces ravagées par la guerre et la famine. Son action grandit, s'étend, gagne de toutes parts; le cœur de Vincent s'enflamme, se dilate au contact du Cœur de Jésus, le monde entier n'y serait point à l'étroit, toutes les infortunes y trouvent force et consolation.

Mais Vincent, me direz-vous, n'est point immortel; que vont devenir après lui ces enfants, ces pauvres, ces orphelins, ces infirmes? Qui donc ira dans les hôpitaux, dans les greniers, dans ces réduits et ces bouges porter le pain du corps et le sourire du bon Dieu? Oh! la virginité de Vincent ne fut pas inféconde, elle donna au monde une nombreuse famille, et déjà à travers ma parole vous avez aperçu auprès de l'orphelin et auprès du malade les blanches ailes de l'ange de la charité, de la fille de Saint-Vincent de Paul. Ai-je besoin de vous dire ce qu'elle est? Non, n'est-ce pas, mes frères, chaque jour vous la voyez agir sous vos yeux, et ses actes sont toute sa louange; mais en ces jours où toute vraie grandeur est méconnue, où tout est ridiculisé et moqué, n'a-t-on pas aussi osé s'attaquer à elle! Il nous faut protester, nous catholiques et Français, contre ces procédés sans nom, et quand nous rencontrons au coin de nos rues et de nos places publiques la Sœur de Charité, avec respect, saluons-la, c'est une des plus hautes personnifications de la Religion et de la Patrie qui passe.

Voilà, mes frères, à peine ébauché, ce que Vincent de Paul fit pour le soulagement des corps; mais, je vous l'ai dit, le but de toutes ses œuvres ce sont les âmes. Il sait ce qu'elles valent, il les considère sortant des mains de Dieu, faites à son image et ressemblance, il les voit encore empourprées du sang de Jésus-Christ, il aperçoit le Saint-Esprit résidant en elles comme dans un temple privilégié. Mais, hélas! combien d'âmes, méconnaissant leur dignité et leur noblesse, s'en vont souillant de fange l'ouvrage du Père, profanant le sang du Fils, faisant régner Satan là où le Saint-Esprit seul devait avoir un trône. A cette vue, le cœur du saint prêtre se sentait percé d'un glaive de douleur, et prosterné aux pieds de son Dieu, il s'écriait comme autrefois saint François Xavier : « Des âmes, Seigneur, donnez-moi des âmes; pitié, pitié pour les pécheurs! » A la prière il joignait l'action, et dans les paroisses où il exerça successivement le saint ministère, son zèle d'apôtre eut bientôt renouvelé toutes choses. Mais un champ si restreint ne pouvait suffire à ses ardeurs. Quand il se vit, comme aumônier, placé par la confiance royale à la tête de toutes les galères de France, il se sentit pénétré pour les pauvres forçats d'une immense pitié : son héroïque charité l'avait mis autrefois à même d'apprécier leur triste état; il leur prêcha et leur fit prêcher Jésus, le Dieu de miséricorde et de bonté s'inclinant du haut de la croix pour pardonner au larron pénitent, et leur fit trouver ainsi dans la religion la seule consolation qu'ils pouvaient attendre sur la terre avec l'espérance du bonheur éternel.

Ce n'était pourtant point encore assez pour son cœur; il voyait dans les villes et les campagnes régner une profonde ignorance en matière religieuse, des milliers de pauvres âmes tomber en enfer faute d'avoir un guide pour leur montrer le chemin du ciel. Voilà pour la France et l'Europe, mais par delà les mers des peuples entiers d'infidèles se meurent dans les ténèbres de l'idolâtrie, attendant quelqu'un qui leur dise le nom de Dieu et leur confère la grâce du saint Baptême. Le cœur de Vincent est grand comme le monde, rien ne l'arrête, il s'agit du salut des âmes. Il rassemble autour de lui des prêtres dévoués, il les forme à l'apostolat et les envoie en France et à l'étranger prêcher l'Evangile de Jésus-Christ, n'ayant pour toute arme que la vérité et la simplicité. Les missions produisent partout un fruit excellent, la foi se renouvelle et s'affermit, les vertus fleurissent de toutes parts sur la vieille terre de France, et dans les pays infidèles l'Eglise peut se réjouir de nouvelles conquêtes. Mais il faut assurer le bien fait dans les paroisses par les missionnaires qui ne font que passer, et pour cela donner aux troupeaux de dignes et saints prêtres. Vincent organise l'Œuvre des séminaires suivant le plan dressé par le saint concile de Trente, et charge ses enfants de former à la piété et à la science ceux qui doivent former eux-mêmes les âmes fidèles. Son œuvre réussit au delà de toutes les prévisions humaines, car lui n'est qu'un humble instrument, c'est Dieu seul qui agit, et aujourd'hui encore nous sommes heureux, nous prêtres, d'aller nous instruire auprès de ses fils! Vous dire, mes frères, ce que sont les pasteurs et les prêtres formés à l'école des fils de saint Vincent serait vous retracer trop faiblement l'édifiant spectacle que vous donnent tous les jours en cette paroisse un prêtre tout apostolique et ses auxiliaires dévoués.

J'ai fini, mes frères, de vous montrer aussi brièvement que possible l'œuvre de saint Vincent, et pour les âmes, et pour les corps; sa couronne est tressée, les anges n'ont plus qu'à la poser sur sa tête.

Qu'il dut être beau pour l'âme de ce juste le dernier jour de sa vie qui fut pour elle le jour de la récompense et du triomphe. Une longue maladie et des infirmités cruelles, supportées avec un calme et une patience toute céleste, achevèrent de briser les derniers liens qui retenaient encore Vincent à la terre. Dès lors tout à son Dieu, qu'il avait d'ailleurs toujours eu seul en vue dans ses rapports avec les hommes, il ne discontinuait pas sa prière ; le monde avait déjà disparu à ses yeux ; le ciel, le ciel, voilà l'unique objet de ses désirs et de ses vœux ! Enfin sa dernière heure a sonné ; son âme, dégagée de ses liens, s'élance radieuse au tribunal du souverain Juge ; l'ange gardien de Vincent le précède et le présente au pied du trône éternel ; ses vertus l'accompagnent et lui font un cortège de gloire : la foi, l'espérance, l'humilité, la prudence, la chasteté le parent de tous leurs charmes, mais la charité, la charité surtout le couvre comme un royal manteau et lui est au front une couronne d'honneur. Le Sauveur se penche vers lui avec amour, il reconnaît son disciple : « Courage, bon et fidèle serviteur, vous avez accompli généreusement le double précepte de la charité envers Dieu et envers le prochain, entrez dans la joie de votre Maître, *intra in gaudium Domini tui !* » Et les portes du ciel s'ouvrent, la céleste Jérusalem compte un élu de plus !

Et maintenant, ô Père, ô Patron, du sein de la gloire où vous régnez et où votre cœur aime encore mieux qu'ici-bas, jetez un regard sur vos enfants. Priez, priez pour l'Eglise, notre mère si désolée et si chère ; pour le Pontife qui la gouverne au milieu de tant de dangers ; priez pour la France, votre patrie si malheureuse et pourtant si aimée, et pour cette paroisse qui vous est consacrée, priez, priez pour tous ; et s'il m'était permis de parler de moi, je vous dirais aussi : priez, priez pour moi, pauvre prêtre, qui suis si heureux de vous louer en ce jour, afin que je me rende moins indigne de ma vocation, afin que je vous ressemble un peu. Que tous par votre intercession puissante nous soyons bénis de Dieu ici-bas, chacun dans la voie où il nous a placés, afin que nous puissions le chanter et le glorifier avec vous durant toute l'éternité. Ainsi soit-il.

— Lille. Typ. J. Lefort. 1883 —

— Lille, Typ. J. Lefort. —

www.ingramcontent.com/pod-product-compliance
Lightning Source LLC
Chambersburg PA
CBHW070525050426
42451CB00013B/2864